Preeti Rathi

Sistemas de Base de Dados: Conceitos e aplicações avançadas

AF303510

Preeti Rathi

Sistemas de Base de Dados: Conceitos e aplicações avançadas

ScienciaScripts

Imprint

Any brand names and product names mentioned in this book are subject to trademark, brand or patent protection and are trademarks or registered trademarks of their respective holders. The use of brand names, product names, common names, trade names, product descriptions etc. even without a particular marking in this work is in no way to be construed to mean that such names may be regarded as unrestricted in respect of trademark and brand protection legislation and could thus be used by anyone.

Cover image: www.ingimage.com

This book is a translation from the original published under ISBN 978-620-7-48387-7.

Publisher:
Sciencia Scripts
is a trademark of
Dodo Books Indian Ocean Ltd. and OmniScriptum S.R.L publishing group

120 High Road, East Finchley, London, N2 9ED, United Kingdom
Str. Armeneasca 28/1, office 1, Chisinau MD-2012, Republic of Moldova, Europe
Printed at: see last page
ISBN: 978-620-7-69614-7

Copyright © Preeti Rathi
Copyright © 2024 Dodo Books Indian Ocean Ltd. and OmniScriptum S.R.L publishing group

Índice

Capítulo 1

Transformação da base de dados

1.1 Introdução à transformação de bases de dados

D transformação de dados num sistema de gestão de bases de dados orientado para objectos (OODBMS) refere-se ao processo de conversão ou manipulação de dados armazenados no OODBMS para satisfazer requisitos específicos ou para facilitar várias operações. Num OODBMS, os dados são normalmente armazenados como objectos, que são instâncias de classes, e podem ter estruturas, atributos e relações complexas. A transformação de dados em OODBMS pode envolver várias tarefas:

- **Mapeamento de objectos:**

Converter dados de fontes externas, tais como bases de dados relacionais ou ficheiros, em representações orientadas para objectos dentro do OODBMS. Isto envolve a definição das regras de mapeamento para transformar dados em objectos e relações.

- **Serialização e desserialização de objetos:**

Conversão de objectos na memória para um formato que pode ser armazenado ou transferido, e vice-versa. Isto é frequentemente necessário para a persistência e o intercâmbio de dados.

- **Evolução do objeto:**

À medida que os requisitos da aplicação se alteram, as estruturas ou classes de objectos podem ter de ser modificadas. A transformação de dados é necessária para atualizar os dados e objectos existentes de modo a cumprir estas alterações.

- **Transformação de consultas:**

Transformar linguagens de consulta (por exemplo, SQL) em linguagens de consulta orientadas para objectos (por exemplo, OQL) para recuperar e manipular dados armazenados no OODBMS.

- **Versionamento de objectos:**

Gerir diferentes versões de objectos para suportar o histórico de dados ou operações de reversão. Isto pode envolver a transformação do estado de um objeto para uma versão anterior.

- **Importação e exportação de dados:**

Transformar dados para dentro ou fora do OODBMS de ou para vários formatos externos, como XML, JSON ou CSV.

- **Resolução da identidade do objeto:**

Resolução de referências e relações entre objectos para garantir a consistência e a integridade dos dados.

- **Tratamento da herança e do polimorfismo:**

Gerir os dados quando se trata de herança de objectos e polimorfismo, garantindo que os objectos podem ser corretamente reconstruídos e manipulados.

- **Evolução do esquema:**

Adaptar o esquema e as definições de classe do OODBMS para acomodar a alteração dos requisitos de dados e garantir que os dados existentes são compatíveis com o novo esquema.

- **Agregação de dados:**

Realização de operações de agregação em objectos para gerar resumos ou dados de roll-up para relatórios ou análises.

A transformação de dados num OODBMS é frequentemente implementada utilizando as capacidades incorporadas do sistema OODBMS ou com a ajuda de estruturas de Mapeamento Objeto-Relacional (ORM) ou middleware que fornecem ferramentas e utilitários para tarefas de transformação de dados. As técnicas e ferramentas específicas utilizadas podem variar consoante o produto OODBMS utilizado e os requisitos da aplicação.

1.2 Consulta diferencial

A consulta diferencial é uma técnica utilizada nos sistemas de bases de dados para recuperar eficazmente os dados que foram alterados desde a realização de uma consulta anterior ou de um instantâneo. Em vez de consultar todo o conjunto de dados de cada vez, a consulta diferencial identifica e recupera apenas os dados que foram adicionados, actualizados ou eliminados desde que a última consulta foi executada. Esta abordagem pode reduzir significativamente a quantidade de dados transmitidos através da rede e processados pela base de dados, levando a um melhor desempenho da consulta e a um menor consumo de recursos.

Eis como funciona a consulta diferencial:

- **Consulta de base:**

Inicialmente, é executada uma consulta de base para obter o conjunto de dados inicial ou um instantâneo dos dados. Esta consulta estabelece um ponto de referência com o qual as alterações subsequentes serão comparadas.

- **Deteção de alterações:**

Após a execução da consulta de base, todas as alterações subsequentes ao conjunto de dados são acompanhadas e registadas. Isto pode envolver a captura de carimbos de data/hora, números de versão ou outros metadados associados aos dados.

- **Consulta incremental:**

Quando uma nova consulta é emitida, em vez de consultar todo o conjunto de dados novamente, apenas as alterações que ocorreram desde a consulta de base são identificadas e recuperadas. Isto é feito comparando os carimbos de data/hora ou os números de versão dos dados com os registados durante a consulta de base.

- **Filtragem e agregação:**

As alterações obtidas através da consulta diferencial são filtradas e agregadas conforme necessário para produzir o conjunto de resultados desejado. Isto pode implicar a aplicação de critérios adicionais, como a filtragem por intervalo de tempo ou atributos específicos, para refinar ainda mais os resultados da consulta.

- **Fundir com a linha de base:**

Os resultados da consulta incremental são então fundidos com o conjunto de dados de base para produzir uma visão completa e actualizada dos dados. Isto garante que os resultados da consulta reflectem as alterações mais recentes, ao mesmo tempo que incorporam quaisquer dados históricos capturados no instantâneo da base de dados.

Vantagens da consulta diferencial:

- **Eficiência:**

Ao recuperar apenas as alterações desde a última consulta, a quantidade de dados transmitidos através da rede e processados pela base de dados é significativamente reduzida, conduzindo a um desempenho mais rápido da consulta e a um menor consumo de recursos.

- **Actualizações em tempo real:**

Permite o acesso quase em tempo real a dados actualizados, tornando-o adequado para aplicações em que a atualidade é crítica, como sistemas de monitorização ou análises em tempo real.

- **Escalabilidade:**

A consulta diferencial pode melhorar a escalabilidade dos sistemas de bases de dados, reduzindo a carga de trabalho associada à consulta e ao processamento de grandes conjuntos de dados, nomeadamente em ambientes distribuídos ou baseados na nuvem.

- **Utilização optimizada de recursos:**

Ajuda a otimizar a utilização de recursos, minimizando a transferência e o processamento de dados desnecessários, o que pode ser particularmente benéfico em ambientes com recursos limitados ou sistemas de elevado tráfego.

1.3 Violação da ordem

A violação da ordem no contexto das bases de dados refere-se normalmente a uma situação em que a ordem de recuperação ou apresentação dos dados não corresponde à ordem esperada ou pretendida. Isto pode ocorrer devido a várias razões, como uma consulta incorrecta, a falta de critérios de ordenação explícitos ou técnicas de otimização da base de dados que podem reordenar os dados por razões de desempenho. A violação da ordem pode levar a resultados de consulta incorrectos ou enganadores, especialmente nos casos em que a ordem dos dados é essencial para a interpretação ou análise.

Alguns cenários e causas comuns de violação de ordens em bases de dados:

1. Falta da cláusula ORDER BY:

Ao consultar dados de uma base de dados sem especificar explicitamente uma cláusula ORDER BY, o motor da base de dados pode devolver os dados numa ordem arbitrária, que pode não corresponder à ordem natural ou esperada dos dados.

2. Otimização de consultas:

Os optimizadores de consultas de bases de dados podem reordenar a execução das operações de consulta ou escolher caminhos de acesso alternativos (tais como pesquisas de índices) para melhorar o desempenho. Embora estas optimizações possam acelerar a execução da consulta, podem inadvertidamente alterar a ordem pela qual os dados são recuperados ou apresentados.

3. Execução paralela:

Em ambientes de processamento de bases de dados paralelas, as operações de recuperação de dados podem ser efectuadas em simultâneo em várias unidades de processamento. Como resultado, a ordem pela qual os dados são processados ou agregados pode diferir da ordem sequencial dos dados de entrada.

4. Distribuição de dados:

Em bases de dados distribuídas ou ambientes sharded, os dados podem ser distribuídos por vários nós ou partições. Ao efetuar consultas em fontes de dados distribuídas, a ordem de recuperação dos dados pode não ser garantida, a menos que seja explicitamente imposta.

5. Níveis de simultaneidade e de isolamento:

Nos sistemas de bases de dados multi-utilizadores, as transacções concorrentes podem aceder e modificar os mesmos dados em simultâneo. Dependendo do nível de isolamento das transacções e do momento da sua execução, a ordem pela qual as alterações de dados são confirmadas na base de dados pode variar, conduzindo a potenciais violações da ordem.

Para mitigar a violação de ordens em consultas e operações de bases de dados, é essencial:

- Especifique sempre uma cláusula ORDER BY explícita quando a ordem de recuperação dos dados for significativa.
- Compreender o comportamento do optimizador da base de dados e considerar as implicações das técnicas de otimização de consultas na ordenação dos resultados.
- Utilizar níveis de isolamento de transação adequados para controlar a visibilidade e a consistência das alterações de dados.
- Implementar lógica ao nível da aplicação para impor requisitos de ordem, se necessário, especialmente em ambientes de processamento

distribuído ou paralelo.

Ao abordar estas considerações, os programadores e administradores de bases de dados podem minimizar o risco de violação da ordem e garantir a correção e consistência dos resultados das consultas.

1.4 Violação de consistência

A violação da consistência no contexto das bases de dados refere-se a uma situação em que a integridade ou correção dos dados é comprometida, resultando em inconsistências na base de dados. A consistência é uma das propriedades ACID (Atomicidade, Consistência, Isolamento, Durabilidade) que garante que as transacções mantêm a integridade dos dados e aderem a restrições ou regras predefinidas. Uma violação da consistência pode ocorrer por várias razões, incluindo erros de software, falhas de hardware, acesso simultâneo ou gestão incorrecta das transacções.

Existem alguns cenários e causas comuns de violações de consistência nas bases de dados:

1. Violações de restrições:

As restrições de consistência, tais como restrições de chave primária, restrições únicas, restrições de chave estrangeira e restrições de verificação, são definidas para manter a integridade dos dados e aplicar regras comerciais. As violações destas restrições, como a inserção de registos duplicados ou a referência a chaves inexistentes, podem levar a violações de consistência.

2. Actualizações não controladas:

As transacções simultâneas ou vários utilizadores que actualizam os mesmos dados em simultâneo sem uma sincronização adequada podem levar a estados inconsistentes da base de dados. Por exemplo, se duas transacções actualizarem simultaneamente o mesmo registo sem controlos de isolamento adequados, as alterações de uma transação podem sobrepor-se às da outra, dando origem a inconsistências.

3. Actualizações parciais:

As actualizações incompletas ou parciais de dados relacionados podem resultar em estados inconsistentes na base de dados. Por exemplo, se uma transação atualizar várias tabelas mas não conseguir atualizar uma delas devido a um erro ou interrupção, a base de dados pode acabar num estado inconsistente em que algumas tabelas reflectem as alterações e outras não.

4. Corrupção de dados:

Falhas de hardware, bugs de software ou corrupção de disco podem levar à corrupção de dados na base de dados, resultando em inconsistências ou valores de dados inválidos. Sem mecanismos adequados de deteção e recuperação de erros, os dados corrompidos podem propagar-se e causar mais violações de consistência.

5. Problemas de replicação e sincronização:

Em bases de dados distribuídas ou ambientes replicados, podem surgir inconsistências devido a atrasos ou falhas nos processos de replicação e sincronização de dados. As réplicas de dados podem divergir da cópia primária, conduzindo a inconsistências entre diferentes nós ou réplicas.

Para evitar e atenuar as violações de consistência nas bases de dados, é essencial:

- Definir e aplicar restrições de consistência ao nível do esquema da base de dados para garantir a integridade dos dados.
- Utilizar técnicas adequadas de gestão de transacções, tais como níveis de isolamento adequados e mecanismos de controlo da concorrência, para evitar conflitos e garantir a atomicidade e o isolamento das transacções.

- Implementar mecanismos de deteção e recuperação de erros, tais como cópias de segurança da base de dados, registos de transacções e verificações de validação de dados, para detetar e corrigir inconsistências.

- Monitorizar e auditar regularmente a base de dados para detetar problemas de coerência e efetuar verificações da validação e integridade dos dados.

- Conceber aplicações e operações de bases de dados para lidar com cenários de falha de forma graciosa e recuperar de erros sem comprometer a consistência dos dados.

Ao abordar estas considerações e implementar as melhores práticas de gestão de dados e processamento de transacções, os administradores e programadores de bases de dados podem minimizar o risco de violações de consistência e manter a integridade e fiabilidade das suas bases de dados.

Referências:

- **Livros:**
1. "Transformação de dados: Teoria e Prática" de Peter M. McBride
2. "Data Mining: Concepts and Techniques" de Jiawei Han, Micheline Kamber, e Jian Pei

- **Sítios Web:**
1. Documentação do Transform Hub sobre técnicas de transformação de dados

2. Documentação da Oracle sobre transformação de dados

Pontos a recordar

Perguntas de escolha múltipla:

1. O que envolve a transformação da base de dados?

   a) Conversão de dados de um sistema de gestão de bases de dados para outro.

b) Otimização do desempenho da base de dados através de indexação e afinação de consultas.

c) Modificar a estrutura ou o conteúdo de uma base de dados para responder a novos requisitos.

d) Encriptação de dados sensíveis armazenados numa base de dados.

2. O que é a consulta diferencial no contexto da transformação da base de dados?

a) Execução de consultas para identificar as alterações efectuadas na base de dados ao longo do tempo.

b) Executar consultas para comparar o desempenho de diferentes sistemas de bases de dados.

c) Geração de consultas para extrair dados de várias bases de dados em simultâneo.

d) Analisar as consultas para detetar potenciais vulnerabilidades de segurança.

3. A que é que se refere a violação de ordem na transformação de bases de dados?

a) Modificar a ordem em que os dados são armazenados nas tabelas da base de dados.

b) Violação da ordem de transação para dar prioridade a determinadas operações em detrimento de outras.

c) Alterar a ordem cronológica dos registos numa base de dados.

d) Garantir que as transacções da base de dados são executadas numa sequência predefinida.

4. No contexto da transformação de bases de dados, o que constitui uma

violação de consistência?

a) Inconsistências no formato e na estrutura dos dados em diferentes bases de dados.

b) Violação das restrições de integridade dos dados, resultando em entradas de dados inválidas.

c) Não manutenção da coerência nos indicadores de desempenho da base de dados.

d) Discrepâncias nos níveis de redundância de dados entre bases de dados.

5. Qual das seguintes opções descreve corretamente a transformação da base de dados?

a) Envolve a otimização das operações da base de dados através do processamento paralelo.

b) Garante que as bases de dados cumprem as normas e regulamentos do sector.

c) Centra-se na modificação dos mecanismos de armazenamento físico de uma base de dados.

d) Inclui alterações à estrutura, formato e conteúdo de uma base de dados para melhorar a funcionalidade ou satisfazer novos requisitos.

****

Capítulo 2

Segurança da base de dados

2.1 Introdução à segurança das bases de dados

A segurança das bases de dados é a prática de proteger os dados armazenados numa base de dados contra o acesso não autorizado, a utilização indevida, a modificação ou a destruição. Como as bases de dados são repositórios centrais de informações sensíveis nas organizações, garantir a sua segurança é fundamental para salvaguardar a confidencialidade, integridade e disponibilidade dos dados. Esta introdução fornece uma visão geral dos principais conceitos, ameaças e medidas relacionadas com a segurança das bases de dados.

2.2 Importância da segurança das bases de dados:

- **Proteção de dados sensíveis:**

As bases de dados armazenam uma vasta gama de informações sensíveis, incluindo registos financeiros, informações de identificação pessoal (PII), propriedade intelectual e segredos comerciais. Garantir a segurança destes dados é crucial para evitar o acesso não autorizado ou a utilização indevida.

- **Requisitos de conformidade:**

Muitas indústrias e jurisdições têm regulamentos e normas (por exemplo, GDPR, HIPAA, PCI DSS) que obrigam à proteção e privacidade dos dados. Para cumprir esses requisitos de conformidade, é necessário implementar medidas robustas de segurança de banco de dados.

- **Continuidade das actividades:**

A segurança das bases de dados ajuda a manter a continuidade do negócio, evitando violações, perda ou corrupção de dados. Uma violação de segurança pode levar a perdas financeiras, danos à reputação, responsabilidades legais e interrupções nas operações.

2.3 Ameaças comuns à segurança das bases de dados

- **Acesso não autorizado:**

Hackers, insiders ou utilizadores não autorizados podem tentar obter acesso a bases de dados para roubar dados sensíveis, interromper operações ou causar danos.

- **Injeção de SQL:**

Os ataques de injeção de SQL exploram vulnerabilidades em aplicações Web para executar consultas SQL maliciosas contra a base de dados subjacente, comprometendo potencialmente a sua segurança e integridade.

- **Roubo e fuga de dados:**

O roubo de dados ocorre quando informações sensíveis são roubadas de uma base de dados, enquanto a fuga de dados se refere à divulgação ou exposição não autorizada de dados confidenciais.

- **Ameaças internas**:

Pessoas internas mal-intencionadas ou negligentes, incluindo funcionários, contratantes ou parceiros comerciais, podem utilizar indevidamente os seus privilégios para aceder ou manipular dados para ganho pessoal ou fins maliciosos.

2.4 Medidas de segurança da base de dados:

- **Autenticação e autorização:**

Mecanismos de autenticação fortes, como palavras-passe, biometria ou autenticação multifactor, verificam a identidade dos utilizadores que acedem à base de dados. Os controlos de autorização determinam as permissões e privilégios concedidos aos utilizadores com base nas suas funções ou níveis de acesso.

- **Encriptação:**

As técnicas de encriptação, como a encriptação de dados em repouso, a encriptação de dados em trânsito e a encriptação transparente de dados (TDE), protegem os dados contra o acesso não autorizado ou a interceção, encriptando-os através de algoritmos criptográficos.

- **Controlos de acesso:**

Os controlos de acesso restringem o acesso a dados sensíveis com base nas funções, privilégios ou políticas de segurança dos utilizadores. O controlo de acesso baseado em funções (RBAC), as listas de controlo de acesso (ACL) e o controlo de acesso baseado em atributos (ABAC) são modelos de controlo de acesso normalmente utilizados.

- **Auditoria e registo de dados:**

Os mecanismos de auditoria e registo acompanham e registam as actividades da base de dados, incluindo os inícios de sessão dos utilizadores, as modificações de dados e as tentativas de acesso. A auditoria ajuda a monitorizar comportamentos suspeitos ou anómalos e fornece provas forenses em caso de incidentes de segurança.

- **Monitorização da atividade da base de dados (DAM):**

As soluções DAM monitorizam e analisam continuamente as actividades da base de dados em tempo real para detetar ameaças à segurança, violações de políticas ou comportamentos invulgares. As ferramentas DAM fornecem alertas, relatórios e painéis de controlo para ajudar os administradores a responder prontamente a incidentes de segurança.

2.5 Arquitetura de cluster Flex

A "Arquitetura de Cluster Flex" está de facto associada ao Oracle RAC (Real Application Clusters). No contexto do Oracle RAC, um Flex Cluster é um tipo de configuração de cluster que foi introduzido para proporcionar mais flexibilidade na gestão e implementação de bases de dados Oracle RAC.

Em um cluster Flex, os nós podem ser designados como Hub Nodes ou Leaf Nodes:

- Nós de Hub: Estes nós são o núcleo do cluster e tratam das operações de gestão do cluster.
- Nós de folha: Estes nós são mais leves e são utilizados principalmente para executar bases de dados. Dependem dos nós Hub para a gestão do cluster.

Esta arquitetura permite uma melhor utilização dos recursos e escalabilidade, uma vez que os Hub Nodes podem tratar das tarefas relacionadas com o cluster, enquanto os Leaf Nodes se concentram nas cargas de trabalho da base de dados. Proporciona uma forma mais flexível de se adaptar às diferentes exigências de carga de trabalho.

Os principais benefícios da Arquitetura de Cluster Flex no Oracle RAC incluem

- Administração simplificada: A separação da gestão de clusters e do tratamento da carga de trabalho da base de dados simplifica as tarefas administrativas.
- Atribuição dinâmica de recursos: Permite a atribuição dinâmica de recursos com base nos pedidos de carga de trabalho.
- Escalabilidade melhorada: A arquitetura foi concebida para ser escalada de forma eficiente à medida que podem ser adicionados mais Leaf Nodes ao cluster.
- Disponibilidade melhorada: As funcionalidades inerentes de alta disponibilidade do Oracle RAC continuam presentes, garantindo a disponibilidade contínua da base de dados.

Ao trabalhar com o Oracle RAC e considerar diferentes arquitecturas de cluster, é essencial rever os requisitos e benefícios específicos de cada configuração para escolher a que melhor se alinha com as necessidades da sua organização. Consulte sempre a documentação mais recente da Oracle para obter as informações mais precisas e actuais.

2.6 Redação de dados

A Redação de Dados é, de facto, uma funcionalidade de segurança concebida para melhorar a privacidade e confidencialidade dos dados, mascarando ou redigindo dinamicamente informações sensíveis nos resultados de consultas de bases de dados. Esta funcionalidade ajuda a garantir que apenas os utilizadores autorizados vêem os dados completos, enquanto outros vêem versões modificadas ou obscurecidas das informações sensíveis.

Existem alguns pontos-chave sobre a redução de dados:

- **Redação dinâmica:** A redução de dados funciona dinamicamente em tempo de execução, o que significa que a redução ocorre em tempo real quando os utilizadores consultam a base de dados. Os dados originais não são permanentemente alterados; são apenas redigidos no resultado da consulta.

- **Baseado em políticas:** As políticas de redução são definidas e aplicadas com base em critérios especificados. Estes critérios podem incluir funções de utilizador, níveis de sensibilidade dos dados ou outras condições especificadas pelo administrador da base de dados.

- **Proteção de dados sensíveis:** A redução de dados é normalmente utilizada para proteger informações sensíveis, tais como informações de identificação pessoal (PII), números de cartões de crédito ou outros dados confidenciais. Ajuda as organizações a cumprir os regulamentos de privacidade de dados.

- **Controlo refinado:** Os administradores podem ter um controlo refinado sobre quais os utilizadores ou funções que têm acesso aos dados completos e quais os utilizadores que vêem versões editadas. Isto permite que as organizações adaptem a visibilidade dos dados com base nas funções e responsabilidades dos utilizadores.

- **Tipos de redução:** A redução pode assumir várias formas, incluindo a redução total (substituindo os dados sensíveis por um espaço reservado predefinido), a redução parcial (mostrando apenas parte dos dados) ou a redução com preservação do formato (preservando o formato e ocultando o conteúdo).
- **Compatibilidade com a base de dados:** A reação de dados é frequentemente uma caraterística fornecida pelos sistemas de gestão de bases de dados relacionais (RDBMS) e a sua disponibilidade pode depender da plataforma de base de dados específica.

Ao implementar a redução de dados, as organizações podem encontrar um equilíbrio entre o fornecimento do acesso necessário aos dados para utilizadores legítimos e a proteção de informações sensíveis. É crucial consultar a documentação do sistema de base de dados específico que está a ser utilizado para compreender as funcionalidades de redação, a sintaxe e as opções de configuração disponíveis.

2.7 Mascaramento de dados

A máscara de dados é uma técnica de proteção de dados que envolve a substituição de informações sensíveis numa base de dados por dados falsos ou pseudónimos durante os testes, o desenvolvimento ou outras actividades não produtivas. O principal objetivo do mascaramento de dados é garantir que as informações sensíveis ou pessoalmente identificáveis (PII) não são expostas ou utilizadas de forma inadequada em ambientes onde os dados reais não são necessários.

As principais características e aspectos do mascaramento de dados incluem:

- **Proteção de dados sensíveis:** O mascaramento de dados é utilizado para proteger informações sensíveis, tais como números de identificação pessoal, números de cartões de crédito ou outros dados confidenciais, substituindo-os por dados fictícios de aspeto realista.

- **Preservação da estrutura dos dados:** O processo de mascaramento tem como objetivo manter a estrutura e o formato dos dados originais para garantir que os dados mascarados se assemelham muito aos dados reais. Isto é importante para manter a usabilidade dos dados mascarados para fins de teste e desenvolvimento.

- **Regras de mascaramento consistentes:** O mascaramento de dados envolve normalmente a aplicação de regras de mascaramento consistentes em bases de dados ou conjuntos de dados. Estas regras são definidas com base na sensibilidade dos dados e nos requisitos específicos da organização.

- **Conformidade com a privacidade dos dados:** O mascaramento de dados ajuda as organizações a cumprir os regulamentos e padrões de privacidade de dados, garantindo que as informações confidenciais não sejam expostas em ambientes de não produção onde não são necessárias.

- **Mascaramento dinâmico:** Algumas soluções de mascaramento de dados fornecem capacidades de mascaramento dinâmico, permitindo que as organizações mascarem informações sensíveis em tempo real durante consultas ou extracções de dados, em vez de modificarem os dados armazenados reais.

- **Acesso com base em funções:** As soluções de mascaramento de dados suportam frequentemente o controlo de acesso baseado em funções, garantindo que apenas os utilizadores autorizados têm acesso aos dados originais (não mascarados) em cenários específicos, como por exemplo para fins de teste específicos.

- **Registos de auditoria:** Os processos de mascaramento de dados podem incluir funcionalidades de auditoria para acompanhar e registar actividades relacionadas com o mascaramento de dados, fornecendo uma pista de auditoria para fins de conformidade e monitorização.

O mascaramento de dados é uma prática importante para as organizações que lidam com informações sensíveis e precisam de criar ambientes de teste e desenvolvimento realistas sem expor dados reais e sensíveis. Contribui para a segurança dos dados, a privacidade e a conformidade regulamentar em cenários de não produção. As organizações devem planear e implementar cuidadosamente soluções de mascaramento de dados com base nos seus requisitos específicos e necessidades de conformidade.

2.8 Auditoria de bases de dados

A Auditoria de Base de Dados é uma caraterística de segurança que envolve o acompanhamento e registo das actividades da base de dados para garantir a conformidade, melhorar a segurança e estabelecer a responsabilidade. A auditoria fornece um registo detalhado das acções realizadas numa base de dados, ajudando as organizações a monitorizar e analisar as actividades dos utilizadores para vários fins, incluindo a conformidade regulamentar, a análise de segurança e a resolução de problemas.

Existem pontos-chave relacionados com a auditoria de bases de dados:

- **Acompanhamento das actividades do utilizador:** A Auditoria da Base de Dados capta informações sobre as actividades do utilizador, tais como logins, logouts, consultas, actualizações e outras operações realizadas na base de dados.

- **Monitorização do acesso:** Ajuda a monitorizar e controlar o acesso a dados sensíveis, garantindo que apenas os utilizadores autorizados acedem a recursos específicos na base de dados.

- **Requisitos de conformidade:** Muitas indústrias e organizações têm requisitos de conformidade que exigem a auditoria de determinadas actividades. A Auditoria de Base de Dados ajuda a cumprir estes requisitos, fornecendo um rasto auditável das acções da base de dados.

- **Análise de segurança:** A auditoria pode ser um componente crucial de uma estratégia de segurança, permitindo às organizações detetar e investigar actividades suspeitas ou não autorizadas na base de dados.

- **Responsabilidade:** Ao registar as acções dos utilizadores, a auditoria de bases de dados estabelece a responsabilidade. No caso de incidentes de segurança ou violações de dados, a pista de auditoria pode ser utilizada para identificar os indivíduos responsáveis.

- **Políticas de Auditoria Granular:** A Auditoria de Base de Dados suporta frequentemente políticas granulares, permitindo aos administradores definir eventos específicos, utilizadores ou objectos de base de dados a serem auditados. Esta flexibilidade permite que as organizações se concentrem nas actividades mais relevantes.

- **Armazenamento do rasto de auditoria:** A pista de auditoria gerada pela Auditoria de Bases de Dados é normalmente armazenada de forma segura para evitar adulterações. Isto pode implicar o armazenamento dos registos de auditoria numa localização separada ou a utilização de encriptação para proteger a integridade dos registos.

- **Monitorização e alertas:** Alguns sistemas de bases de dados oferecem capacidades de monitorização e alerta em tempo real como parte das suas funcionalidades de auditoria. Isto permite aos administradores receberem notificações quando ocorrem eventos específicos.

A Auditoria de Base de Dados é uma ferramenta valiosa para manter a integridade e a segurança das bases de dados, e desempenha um papel crucial na gestão de riscos e nos esforços de conformidade. Tal como acontece com outras funcionalidades da base de dados, é importante consultar a documentação do sistema de gestão de bases de dados específico para obter informações detalhadas sobre a implementação e configuração da Auditoria da Base de Dados.

Referências:

- **Livros:**
1. "Segurança e auditoria de bases de dados: Protecting Data Integrity and Accessibility" de Hassan A. Afyouni
2. "Security in Computing" de Charles P. Pfleeger, Shari Lawrence Pfleeger e Jonathan Margulies
- **Sítios Web:**
1. Documentação da OWASP sobre segurança de bases de dados
2. Documentação da IBM sobre as melhores práticas de segurança de bases de dados

Pontos a recordar

Perguntas de escolha múltipla:

1. Porque é que a Introdução à Segurança das Bases de Dados é importante no domínio das tecnologias da informação?

a) Garante que os sistemas de bases de dados são completamente imunes a qualquer tipo de ciberataque.

b) Fornece uma base para compreender como proteger dados sensíveis armazenados em bases de dados.

c) Centra-se apenas na segurança dos componentes de hardware de um sistema de base de dados.

d) O seu objetivo é otimizar o desempenho da base de dados sem ter em conta as questões de segurança.

2. O que torna a segurança das bases de dados particularmente importante para as organizações?

a) Simplifica os processos de gestão de dados, eliminando as barreiras de segurança.

b) Protege as informações sensíveis contra o acesso não autorizado, a manipulação e o roubo.

c) Permite uma integração mais fácil das bases de dados com sistemas externos.

d) Elimina a necessidade de efetuar cópias de segurança regulares dos sistemas de bases de dados.

3. Qual das seguintes opções NÃO é considerada uma ameaça comum à segurança da base de dados?

a) Ataques de injeção de SQL

b) Ameaças internas

c) Actualizações regulares do software

d) Ataques de negação de serviço (DoS)

4. Qual é o principal objetivo das medidas de segurança das bases de dados?

a) Assegurar que as bases de dados estão sempre acessíveis sem quaisquer restrições.

b) Proteja as bases de dados contra acesso não autorizado, violações de dados e perda de dados.

c) Aumentar o desempenho da base de dados à custa da segurança.

d) Simplifique as tarefas de administração da base de dados sem se concentrar nos aspectos de segurança.

5. O que é que a Arquitetura de Clusters Flex pretende alcançar na Segurança da Base de Dados?

a) Fornece uma abordagem flexível para escalonar sistemas de bases de dados com base em cargas de trabalho flutuantes.

b) Centra-se na minimização do número de clusters numa base de dados para melhorar a segurança.

c) Elimina a necessidade de clustering nos sistemas de bases de dados para simplificar a gestão da segurança.

d) Dá prioridade à replicação de dados em relação aos mecanismos de segurança para garantir uma elevada disponibilidade.

****

Capítulo 3

Escalabilidade e desempenho da base de dados

3.1 Estratégias de escalabilidade para bases de dados de grande escala

A escalabilidade é um aspeto crítico da gestão de bases de dados de grande escala, assegurando que podem lidar com o aumento do volume de dados, a concorrência dos utilizadores e o débito das transacções sem sacrificar o desempenho. Aqui estão algumas estratégias de escalabilidade normalmente utilizadas para bases de dados de grande escala:

- **Escalonamento vertical (escalonamento para cima):**

Trata-se de aumentar a capacidade de um único servidor, adicionando mais recursos, como CPU, RAM ou armazenamento. Atualizar os componentes de hardware ou mudar para servidores mais potentes pode resolver temporariamente os problemas de escalabilidade, mas tem limitações e pode tornar-se dispendioso.

- **Escala horizontal (Escala reduzida):**

O escalonamento horizontal envolve a distribuição da carga de trabalho da base de dados por vários servidores ou nós.

- **Fragmentação:**

Particionar a base de dados em segmentos mais pequenos e mais fáceis de gerir, chamados shards, e distribuir esses shards por vários servidores. Cada servidor é responsável por um subconjunto dos dados.

- **Particionamento:**

Dividir tabelas ou índices em partições mais pequenas com base num intervalo de valores (particionamento de intervalos) ou utilizar uma função de hash (particionamento de hash) para distribuir os dados uniformemente pelas partições.

- **Balanceamento de carga:**

Implementação de um balanceador de carga para distribuir uniformemente as consultas e transacções de entrada da base de dados por vários servidores de bases de dados. Os balanceadores de carga podem ser configurados para utilizar vários algoritmos, como round-robin, least connections ou weighted round-robin, para distribuir a carga de forma eficiente.

- **Replicação:**

Replicação de dados em vários servidores de bases de dados para melhorar a disponibilidade, a tolerância a falhas e a escalabilidade da leitura.

- **Replicação mestre-escravo:**

Um servidor de base de dados (master) recebe operações de escrita, que são depois replicadas de forma assíncrona para um ou mais servidores de réplica (slaves) para operações de leitura.

- **Replicação Multi-Mestre:**

Todos os servidores de bases de dados no cluster de replicação podem aceitar operações de leitura e escrita, permitindo uma melhor escalabilidade de escrita.

- **Armazenamento em cache:**

Implementar mecanismos de armazenamento em cache para armazenar dados frequentemente acedidos na memória, reduzindo a necessidade de consultar a base de dados para pedidos repetitivos. A utilização de soluções de cache distribuídas, como o Redis ou o Memcached, pode melhorar significativamente o desempenho da leitura e reduzir a carga da base de dados.

- **Processamento assíncrono:**

Descarregar tarefas que consomem muitos recursos, como processamento de dados, análises ou relatórios, para processos em segundo plano ou nós de trabalho dedicados. Utilizar filas de mensagens ou arquitecturas orientadas para eventos para dissociar o processamento de dados das operações principais da base de dados, permitindo uma melhor escalabilidade e tolerância a falhas.

- **Estratégias de partição de dados:**

Seleção de estratégias adequadas de partição de dados com base em padrões de acesso, características da carga de trabalho e requisitos comerciais.

- **Particionamento baseado em chaves:**

Partição de dados com base num atributo-chave específico, garantindo que os dados relacionados são armazenados em conjunto.

- **Particionamento baseado no tempo:**

Partição de dados com base em intervalos de tempo (por exemplo, partições diárias, mensais) para gerir dados históricos de forma eficiente.

- **Fragmentação e federação de bases de dados:**

A fragmentação envolve a divisão da base de dados em bases de dados mais pequenas e independentes (shards) que podem ser distribuídas por vários servidores. A federação envolve a manutenção de bases de dados separadas para diferentes áreas funcionais ou regiões e a federação de consultas entre estas bases de dados quando necessário.

3.2 Técnicas de otimização e afinação do desempenho

A afinação e a otimização do desempenho são tarefas essenciais na gestão de bases de dados para garantir que funcionam de forma eficiente e proporcionam um desempenho ótimo. Eis algumas técnicas normalmente utilizadas para a afinação e otimização do desempenho:

- **Otimização de consultas:**

Analisar e otimizar as consultas SQL para melhorar a velocidade de execução e a utilização dos recursos.

Utilização de índices: Criação de índices adequados em colunas frequentemente consultadas para acelerar a recuperação de dados.

Reescrita de consultas: Reescrever consultas complexas em formas mais simples ou utilizar construções de consultas alternativas para melhorar o desempenho.

Evitar junções desnecessárias: Eliminação de junções redundantes ou desnecessárias em consultas para reduzir a sobrecarga de processamento.

Utilização de sugestões de consulta: Fornecimento de sugestões ao optimizador de consultas para influenciar o plano de execução.

- **Estratégias de indexação:**

Escolher o tipo correto de índice (por exemplo, árvore B, hash, bitmap) com base nos padrões de consulta e nas características dos dados. Rever e otimizar regularmente os índices existentes para garantir a sua eficácia. Remoção de índices não utilizados ou redundantes para reduzir a sobrecarga durante as operações de modificação de dados.

Particionamento de índices: Particionar grandes índices para melhorar a capacidade de gestão e o desempenho.

- **Otimização do esquema da base de dados:**

Desnormalização: Introdução de redundância através do armazenamento de dados pré-computados ou agregados para reduzir a necessidade de junções e melhorar o desempenho da consulta.

Revisão da normalização: Revisão dos níveis de normalização da base de dados para garantir que são adequados aos requisitos da aplicação e aos objectivos de desempenho.

Design de tabelas e colunas: Otimização das definições de tabelas e colunas para minimizar os requisitos de armazenamento de dados e melhorar o desempenho das consultas.

- **Otimização de hardware:**

Otimização da configuração do hardware do servidor (por exemplo, CPU, memória, armazenamento) para corresponder aos requisitos da carga de trabalho.

Utilizar unidades de estado sólido (SSDs) ou matrizes de armazenamento de alta velocidade para reduzir a latência de E/S do disco.

Aumentar ou diminuir a escala: Aumentar a capacidade do servidor através do escalonamento vertical ou horizontal para acomodar cargas de trabalho crescentes.

- **Afinação da configuração da base de dados:**

Otimização dos parâmetros de configuração da base de dados (por exemplo, tamanho do buffer pool, definições de cache, paralelismo) para um melhor desempenho. Ajustar as configurações de alocação de memória para garantir o uso ideal da memória disponível do sistema. Configurar os parâmetros de registo e de ponto de verificação para equilibrar a consistência dos dados e o desempenho.

- **Caching de consultas e Caching de conjuntos de resultados:**

Armazenamento em cache de consultas executadas com frequência e dos seus resultados para reduzir a sobrecarga do processamento de consultas. Utilizar caches de consulta da base de dados ou soluções de caching externas para armazenar e recuperar rapidamente os resultados das consultas.

- **Monitorização e definição de perfis:**

Monitorizar as métricas de desempenho da base de dados (por exemplo, utilização da CPU, utilização da memória, E/S do disco) utilizando ferramentas como sistemas de monitorização do desempenho ou consolas de gestão de bases de dados. Criação de perfis de consultas SQL para identificar estrangulamentos e áreas de otimização. Utilização de ferramentas de criação de perfis para analisar os planos de execução de consultas e identificar oportunidades de melhoria.

- **Pooling de ligações e gestão de recursos:**

Implementar o agrupamento de ligações para gerir eficazmente as ligações à base de dados e reduzir as despesas gerais associadas ao estabelecimento de ligações. Configuração de funcionalidades de gestão de recursos para dar prioridade a operações críticas da base de dados e evitar a contenção de recursos.

- **Arquivamento e eliminação de dados:**

Arquivar dados históricos em armazenamento separado para reduzir o tamanho das bases de dados activas e melhorar o desempenho das consultas. Implementação de políticas de purga de dados para remover dados obsoletos ou não utilizados e recuperar espaço de armazenamento.

3.3 Armazenamento em cache e replicação de banco de dados

O armazenamento em cache e a replicação de bases de dados são técnicas críticas utilizadas para melhorar o desempenho, a escalabilidade e a disponibilidade em sistemas de bases de dados distribuídas. Vamos explorar cada uma destas técnicas:

- Armazenamento em cache da base de dados:

O armazenamento em cache da base de dados envolve o armazenamento de dados frequentemente acedidos numa cache para reduzir a necessidade de acessos repetidos à base de dados subjacente. O armazenamento em cache pode ocorrer a vários níveis:

o **Armazenamento em cache dos resultados da consulta:**

Armazenamento em memória dos resultados de consultas frequentemente executadas. Quando a mesma consulta é executada novamente, os resultados podem ser recuperados da cache em vez de executar a consulta na base de dados.

o **Armazenamento em cache de objectos:**

Armazenamento em cache de objectos inteiros ou estruturas de dados recuperados da base de dados na memória. Isto pode ser particularmente útil em estruturas de mapeamento objeto-relacional (ORM) em que as linhas da base de dados são mapeadas para objectos na aplicação.

o **Cache de página inteira:**

Armazenamento em cache de páginas ou blocos inteiros da base de dados na memória para reduzir as E/S do disco. Normalmente utilizado em sistemas em que os padrões de acesso aos dados apresentam localidade.

o **Armazenamento em cache do plano de consulta:**

Armazenamento de planos de execução gerados pelo optimizador de consultas da base de dados. Reutilização de planos de consulta em cache para consultas idênticas ou semelhantes para evitar a sobrecarga de gerar novos planos.

o **Vistas materializadas:**

Pré-computação e armazenamento em cache dos resultados de consultas ou agregações complexas sob a forma de vistas materializadas. As vistas materializadas são actualizadas periodicamente para as manter sincronizadas com os dados subjacentes.

- Replicação de bases de dados:

A replicação de bases de dados envolve a criação e manutenção de cópias dos dados da base de dados em vários servidores. A replicação oferece vários benefícios:

o **Alta disponibilidade:**

Ao replicar dados em vários servidores, as aplicações podem continuar a funcionar mesmo que um ou mais servidores falhem. Se um servidor de base de dados primário falhar, uma das réplicas pode ser promovida para servir como o novo primário.

o **Escalabilidade da leitura:**

As réplicas podem tratar consultas apenas de leitura, descarregando as operações de leitura do servidor de base de dados principal. Os balanceadores de carga podem distribuir as consultas de leitura por várias réplicas para distribuir a carga uniformemente.

o **Tolerância a falhas:**

A replicação fornece redundância, reduzindo o risco de perda de dados em caso de falhas de hardware ou desastres. Podem ser utilizados mecanismos de replicação síncronos ou assíncronos para garantir a consistência dos dados entre as bases de dados primárias e de réplica.

o **Distribuição geográfica:**

As réplicas podem estar localizadas em diferentes regiões geográficas para reduzir a latência para utilizadores em diferentes localizações. Isto é particularmente útil para aplicações globais com utilizadores distribuídos por várias regiões.

o **Análises e relatórios:**

As réplicas podem ser utilizadas para consultas analíticas e relatórios sem afetar o desempenho da base de dados principal. Os servidores de relatórios podem ser aprovisionados com réplicas só de leitura para servir cargas de trabalho analíticas.

o **Backup Incremental:**

As réplicas podem servir como fontes para cópias de segurança incrementais, reduzindo o impacto no servidor de base de dados principal durante as operações de cópia de segurança.

Referências:

- **Livros:**

1. "MySQL de Alta Performance: Otimização, Backups, e Replicação" por Baron Schwartz, Peter Zaitsev, e Vadim Tkachenko.
2. Oferece conselhos práticos e estratégias para otimizar o desempenho da base de dados MySQL, incluindo técnicas de armazenamento em cache e de replicação.

- **Sítios Web:**

1. "Replicação PostgreSQL" por Hans-Jürgen Schonig.

Pontos a recordar:

Perguntas de escolha múltipla:

1. Qual das seguintes opções NÃO é uma estratégia de escalabilidade comummente utilizada para bases de dados de grande escala?
   a) Escala vertical
   b) Escala horizontal
   c) Fragmentação
   d) Escalonamento sequencial

2. Qual é o principal objetivo da fragmentação de bases de dados?

   a) Para aumentar a redundância de dados

   b) Para melhorar a coerência dos dados

   c) Para distribuir dados por vários servidores

   d) Para aplicar a encriptação de dados

3. Qual é uma das principais vantagens da criação de índices numa base de dados?
   a) Reduzir as necessidades de espaço de armazenamento

b)   Melhorar a segurança dos dados

c)   Aceleração das operações de recuperação de dados

d)   Eliminar a redundância de dados

4. Qual das seguintes opções NÃO é uma abordagem comum à otimização de consultas SQL?

a)   Utilização de sugestões de consulta para forçar planos de execução específicos

b)   Otimização do esquema da base de dados para cargas de trabalho de leitura intensiva

c)   Reescrever consultas complexas para formas mais simples

d)   Aumentar o número de transacções da base de dados

Capítulo 4

Gestão de grandes volumes de dados

4.1 Introdução às tecnologias de megadados

Big Data refere-se a conjuntos de dados que são demasiado grandes e complexos para que as aplicações tradicionais de processamento de dados os possam tratar de forma eficiente. Esses conjuntos de dados geralmente apresentam os 3Vs: Volume, Velocidade e Variedade.

Volume: Os megadados envolvem o processamento de grandes volumes de dados, muitas vezes variando de terabytes a petabytes ou mesmo exabytes.

Velocidade: Os grandes volumes de dados são gerados e recolhidos a alta velocidade a partir de várias fontes, como sensores, redes sociais e transacções em linha. O processamento em tempo real ou quase real é frequentemente necessário para tratar os fluxos de dados de forma eficiente.

Variedade: Os Big Data são apresentados em vários formatos e tipos, incluindo dados estruturados, semiestruturados e não estruturados. Isto inclui texto, imagens, vídeos, dados de sensores, ficheiros de registo, publicações em redes sociais e muito mais.

* **Computação distribuída**:

As tecnologias de megadados utilizam estruturas de computação distribuída para processar e analisar grandes conjuntos de dados em várias máquinas ou nós num cluster. Isto permite o processamento paralelo, a escalabilidade e a tolerância a falhas.

- **Processamento paralelo**:

As técnicas de processamento paralelo são utilizadas para distribuir tarefas de processamento de dados por vários nós num cluster, permitindo análises e cálculos de dados mais rápidos.

- **Tolerância a falhas**:

Os sistemas de megadados são concebidos para serem tolerantes a falhas, o que significa que podem continuar a funcionar mesmo que os nós ou componentes individuais falhem. São utilizados mecanismos de replicação de dados, redundância e resiliência para garantir um funcionamento ininterrupto.

- **Escalabilidade**:

As tecnologias de Big Data são concebidas para escalar horizontalmente, o que significa que podem ser adicionados recursos adicionais ao sistema para lidar com volumes de dados e exigências de processamento crescentes.

- **Tecnologias comuns:**

Hadoop: O Apache Hadoop é uma estrutura de código aberto para armazenamento e processamento distribuídos de grandes conjuntos de dados em clusters de hardware de base. Inclui componentes como o Hadoop Distributed File System (HDFS) para armazenamento e o MapReduce para processamento.

Apache Spark: O Apache Spark é um sistema de computação distribuída rápido e de uso geral que fornece recursos de processamento de dados na memória. Suporta várias linguagens de programação e oferece bibliotecas para SQL, streaming, aprendizagem automática e processamento de gráficos.

Bases de dados NoSQL: As bases de dados NoSQL (Not Only SQL) são bases de dados não relacionais concebidas para lidar com grandes volumes de dados não estruturados e semi-estruturados. Os exemplos incluem MongoDB, Cassandra, HBase e Redis.

Processamento de fluxo: As estruturas de processamento de fluxo, como o Apache Kafka e o Apache Flink, são usadas para processar e analisar fluxos de dados em tempo real. Permitem que as aplicações reajam aos dados à medida que estes chegam, tornando-as adequadas para casos de utilização como a análise e a monitorização em tempo real.

Armazenamento e análise de dados: Tecnologias como o Apache Hive, o Apache HBase e o Amazon Redshift são utilizadas para armazenar e analisar dados estruturados em ambientes de armazenamento de dados.

4.2 Sistemas de ficheiros distribuídos

Um sistema de ficheiros distribuído (DFS) é um sistema de ficheiros que permite o armazenamento de ficheiros em vários servidores ou nós de uma rede. Fornece uma visão unificada dos ficheiros e directórios, independentemente das suas localizações físicas. Os sistemas de ficheiros distribuídos são concebidos para oferecer escalabilidade, tolerância a falhas e elevada disponibilidade. Aqui está uma visão geral dos sistemas de ficheiros distribuídos:

- Características principais:

Escalabilidade: Os sistemas de ficheiros distribuídos são concebidos para lidar com grandes volumes de dados, distribuindo ficheiros por vários servidores ou nós. Podem ser escalados horizontalmente, adicionando mais servidores ao cluster.

Tolerância a falhas: Os DFSs são tolerantes a falhas, o que significa que podem continuar a funcionar mesmo que os servidores ou nós individuais falhem. São frequentemente utilizadas técnicas de redundância e replicação de dados para garantir a integridade e disponibilidade dos dados.

Alta disponibilidade: Os sistemas de ficheiros distribuídos visam proporcionar uma elevada disponibilidade através da replicação de dados em vários nós. Se um nó falhar, o sistema pode continuar a servir pedidos de outros nós que contenham dados replicados.

Espaço de nomes uniforme: Um sistema de ficheiros distribuído apresenta um espaço de nomes unificado, permitindo aos utilizadores aceder a ficheiros e directórios utilizando um único caminho lógico, independentemente do local onde os dados estão fisicamente armazenados.

Concorrência: Os DFSs suportam o acesso simultâneo a ficheiros por vários utilizadores ou aplicações. Implementam mecanismos como o bloqueio de ficheiros para gerir o acesso simultâneo e garantir a consistência dos dados.

Exemplos de sistemas de ficheiros distribuídos:

- **Sistema de ficheiros distribuídos Hadoop (HDFS):**

O HDFS é um sistema de ficheiros distribuído concebido para armazenar e processar grandes conjuntos de dados em clusters de hardware de base. Faz parte do ecossistema Apache Hadoop e é amplamente utilizado em aplicações de análise de grandes volumes de dados.

- **Sistema de ficheiros Google (GFS):**

O GFS foi desenvolvido pela Google para suportar as suas aplicações e serviços com grande volume de dados. Fornece uma plataforma de armazenamento escalável e tolerante a falhas para armazenar grandes quantidades de dados em servidores distribuídos.

- **Amazon Simple Storage Service (Amazon S3):**

Embora não seja um sistema de ficheiros tradicional, o Amazon S3 fornece armazenamento distribuído para objectos como ficheiros e conjuntos de dados. Oferece elevada disponibilidade, durabilidade e escalabilidade para armazenar e recuperar dados através da Internet.

- **Sistema de ficheiros Ceph (CephFS):**

O CephFS é um sistema de arquivos distribuído construído sobre a plataforma de armazenamento distribuído Ceph. Ele fornece uma interface de sistema de arquivos compatível com POSIX e suporta recursos como instantâneos, replicação e codificação de eliminação.

- **Armazenamento de Blobs do Microsoft Azure:**

O Armazenamento de Blobs do Azure é um serviço de armazenamento distribuído fornecido pelo Microsoft Azure. Oferece armazenamento escalável e duradouro para dados não estruturados, incluindo ficheiros, imagens, vídeos e documentos.

Vantagens dos sistemas de ficheiros distribuídos:

Escalabilidade: Os sistemas de ficheiros distribuídos podem ser escalados para lidar com petabytes ou mesmo exabytes de dados, adicionando mais servidores ao cluster.

Tolerância a falhas: São resistentes a falhas do servidor, garantindo a disponibilidade e fiabilidade dos dados.

Alto desempenho: Os sistemas de ficheiros distribuídos podem proporcionar um elevado rendimento e uma baixa latência no acesso aos dados, especialmente quando os dados são distribuídos por vários nós.

Flexibilidade: Suportam vários padrões de acesso e casos de utilização, incluindo o processamento em lote, a análise em tempo real e o armazenamento de dados para aplicações distribuídas.

4.3 Bases de dados NoSQL e tecnologias NewSQL

As bases de dados NoSQL e as tecnologias NewSQL são ambas alternativas às bases de dados relacionais tradicionais, oferecendo abordagens diferentes para armazenar e gerir dados, especialmente no contexto de sistemas distribuídos em grande escala. Vamos falar brevemente de cada uma delas:

- **Bases de dados NoSQL:**

As bases de dados NoSQL (Not Only SQL) são uma categoria alargada de bases de dados não relacionais concebidas para lidar com grandes volumes de dados não estruturados, semi-estruturados e estruturados. Dão prioridade à flexibilidade, à escalabilidade e ao desempenho em detrimento da consistência rigorosa e das propriedades ACID (Atomicidade, Consistência, Isolamento, Durabilidade).

Tipos de bases de dados NoSQL:

- **Baseado em documentos:** Armazena dados em documentos flexíveis e sem esquema (por exemplo, MongoDB, Couchbase).
- **Armazenamento de chave-valor:** A forma mais simples de base de dados NoSQL, armazenando dados como pares de valores-chave (por exemplo, Redis, Amazon DynamoDB).
- **Armazenamentos de família de colunas:** Armazenam dados em colunas em vez de linhas, permitindo a consulta eficiente de colunas específicas (por exemplo, Apache Cassandra, HBase).

- **Bases de dados de grafos:** Optimizadas para gerir relações entre entidades de dados (por exemplo, Neo4j, Amazon Neptune).

Características:

- **Flexibilidade do esquema:** As bases de dados NoSQL podem tratar vários tipos e estruturas de dados sem necessitar de um esquema predefinido.
- **Escalabilidade horizontal:** São concebidos para serem escalados em vários servidores ou nós para lidar com grandes volumes de dados e elevada concorrência.
- **Consistência eventual:** Muitas bases de dados NoSQL dão prioridade à consistência eventual em detrimento da consistência forte, permitindo uma elevada disponibilidade e tolerância a partições.
- **Tecnologias NewSQL:**

NewSQL é uma classe de sistemas de gestão de bases de dados relacionais (RDBMS) que procura combinar as vantagens das bases de dados relacionais tradicionais com as características de escalabilidade e desempenho das bases de dados NoSQL. O seu objetivo é proporcionar conformidade com ACID, consistência forte e modelos de dados relacionais, oferecendo simultaneamente escalabilidade horizontal e capacidades de processamento distribuído.

Abordagens:

- **Fragmentação:** As bases de dados NewSQL utilizam frequentemente técnicas de fragmentação (sharding) para distribuir os dados por vários nós para uma escalabilidade horizontal.
- **Processamento na memória:** Muitas bases de dados NewSQL tiram partido do processamento na memória para obter um acesso

aos dados de baixa latência e um elevado rendimento.

- **Processamento distribuído de consultas:** Utilizam técnicas de processamento de consultas distribuídas para paralelizar a execução de consultas em vários nós de um cluster.

Características:

- **Conformidade com ACID:** As bases de dados NewSQL mantêm as propriedades ACID para garantir a consistência e a fiabilidade dos dados, ao contrário de muitas bases de dados NoSQL.
- **Escalabilidade horizontal:** Suportam a escalabilidade horizontal, distribuindo os dados e a carga de trabalho por vários nós.
- **Consistência forte:** As bases de dados NewSQL dão prioridade à consistência forte em detrimento da consistência eventual, assegurando que os dados permanecem consistentes em ambientes distribuídos.

Comparação:

- **Modelo de dados:** As bases de dados NoSQL oferecem diversos modelos de dados, enquanto as tecnologias NewSQL aderem normalmente ao modelo de dados relacional.
- **Consistência:** As bases de dados NoSQL podem sacrificar a consistência em prol da disponibilidade e da tolerância a partições, enquanto as bases de dados NewSQL dão prioridade a uma consistência forte.
- **Escalabilidade:** As bases de dados NoSQL são excelentes em termos de escalabilidade horizontal, enquanto as bases de dados NewSQL oferecem escalabilidade com conformidade ACID.
- **Casos de utilização:** As bases de dados NoSQL são frequentemente preferidas para cenários com elevado volume,

velocidade e variedade de dados, enquanto as tecnologias NewSQL são adequadas para aplicações que requerem modelação de dados relacionais com escalabilidade e consistência.

Referências:

- **Livro:**

1. "NoSQL Distilled: A Brief Guide to the Emerging World of Polyglot Persistence" de Pramod J. Sadalage e Martin Fowler.
2. "NewSQL: The Next Generation of Databases Explained" (A próxima geração de bases de dados explicada) de Alex Papadimoulis.

- **Sítio Web:**

1. Documentação do MongoDB (https://docs.mongodb.com/)
2. Documentação do CockroachDB (https://www.cockroachlabs.com/docs/)

Pontos a recordar

Perguntas de escolha múltipla:

1. O que define Big Data?

    a) Dados de pequeno volume, variedade e velocidade

    b) Dados que são armazenados apenas em bases de dados relacionais tradicionais

    c) Dados com grande volume, variedade e velocidade

    d) Dados armazenados apenas em folhas de cálculo e ficheiros de texto

2. Que caraterística NÃO está associada ao Big Data?

    a) Volume

    b) Veracidade

    c) Validade

d) Velocidade

3. Qual das seguintes opções NÃO é um desafio comum na gestão de grandes volumes de dados?

a) Armazenamento de dados

b) Privacidade e segurança dos dados

c) Governação e conformidade dos dados

d) Silos e fragmentação de dados

4. Qual é o principal objetivo da gestão de grandes volumes de dados?

a) Para armazenar o máximo de dados possível

b) Processar e analisar dados para extrair informações e valor

c) Para restringir o acesso aos dados a um número limitado de utilizadores

d) Para aumentar a redundância e a replicação de dados

5. Que tecnologia é normalmente utilizada para o armazenamento e processamento distribuído de grandes volumes de dados?

a) Microsoft Excel

b) Apache Hadoop

c) SQLite

d) Microsoft Access

****

Capítulo 5

Tópicos avançados em administração de bases de dados

5.1 Monitorização e manutenção da base de dados

A Monitorização e Manutenção de Bases de Dados envolve a supervisão contínua, a otimização e a manutenção de um sistema de bases de dados para garantir a sua fiabilidade, desempenho e segurança. Eis uma breve descrição geral:

Monitorização da base de dados:

Monitorização do desempenho: Monitorização das métricas de desempenho da base de dados, incluindo a utilização da CPU, utilização da memória, E/S do disco e tempos de execução de consultas.

Utilização de recursos: Acompanhamento da utilização dos recursos da base de dados, como CPU, memória, armazenamento e largura de banda da rede, para identificar estrangulamentos e otimizar a atribuição de recursos.

Monitorização de consultas: Analisar e monitorizar consultas SQL para identificar consultas de desempenho lento, planos de execução ineficientes e potenciais oportunidades de otimização.

Alertas e notificações: Configuração de alertas e notificações para eventos críticos da base de dados, como degradação do desempenho, esgotamento de recursos e violações de segurança.

Monitorização da disponibilidade: Monitorização do tempo de funcionamento e da disponibilidade da base de dados para garantir a disponibilidade contínua dos serviços e detetar e resolver prontamente os incidentes de inatividade.

Manutenção da base de dados:

Manutenção de índices: Rever e otimizar regularmente os índices da base de dados para melhorar o desempenho das consultas e otimizar as operações de recuperação de dados.

Cópia de segurança e recuperação: Implementação de estratégias de cópia de segurança e recuperação para garantir a proteção dos dados e a preparação para a recuperação de desastres em caso de perda ou corrupção de dados.

Verificações de consistência de dados: Realização de verificações regulares da consistência dos dados para identificar e corrigir problemas de integridade dos dados, tais como registos órfãos, entradas duplicadas e discrepâncias de dados.

Actualizações de software e gestão de patches: Aplicação de actualizações de software, patches e correcções de segurança ao sistema de gestão de bases de dados (DBMS) e componentes de software associados para resolver vulnerabilidades e garantir a estabilidade e segurança do sistema.

Planeamento da capacidade: Monitorizar as tendências de crescimento da base de dados e a utilização da capacidade para antecipar as necessidades futuras de recursos e dimensionar a infraestrutura em conformidade para acomodar volumes de dados e cargas de utilizadores crescentes.

Ferramentas para monitorização e manutenção de bases de dados:

Ferramentas de monitoramento: Os exemplos incluem Prometheus, Grafana, Nagios, Zabbix e Datadog para monitorizar o desempenho da base de dados e as métricas de saúde.

Ferramentas de gestão: Os sistemas de gestão de bases de dados (SGBD) fornecem frequentemente ferramentas e utilitários integrados para gerir e manter bases de dados, como o SQL Server Management Studio (SSMS) para o Microsoft SQL Server e o pgAdmin para o PostgreSQL.

Soluções de backup e recuperação: Soluções como a Veeam, Commvault e Rubrik oferecem capacidades abrangentes de cópia de segurança e recuperação para bases de dados, incluindo cópias de segurança completas, diferenciais e incrementais, bem como planeamento e replicação de recuperação de desastres.

Ferramentas de otimização de consultas: Ferramentas como o EXPLAIN em bases de dados baseadas em SQL e o Query Plan em bases de dados NoSQL ajudam a analisar e otimizar os planos de execução de consultas SQL para melhorar o desempenho.

Scripts de automatização e tarefas agendadas: Escrever scripts personalizados e configurar tarefas agendadas para automatizar tarefas de manutenção de rotina, tais como otimização de índices, verificações de consistência de dados e operações de cópia de segurança.

5.2 Planeamento da recuperação de desastres e estratégias de cópia de segurança

O Planeamento da Recuperação de Catástrofes e as Estratégias de Cópia de Segurança são componentes essenciais da gestão da infraestrutura de TI, com o objetivo de minimizar o tempo de inatividade, a perda de dados e o impacto comercial em caso de catástrofes ou interrupções imprevistas. Eis uma visão geral:

Planeamento da recuperação de desastres:

Avaliação de riscos: Identificação de potenciais riscos e ameaças à infraestrutura de TI da organização, incluindo desastres naturais, falhas de hardware, ciberataques e erros humanos.

Análise de Impacto no Negócio (BIA): Avaliar o potencial impacto das interrupções nas operações comerciais críticas, nas receitas, no serviço ao cliente e na reputação para dar prioridade aos esforços de recuperação.

Objectivos de recuperação: Definir objectivos de tempo de recuperação (RTO) e objectivos de ponto de recuperação (RPO) para determinar o tempo de inatividade aceitável e os limites de perda de dados para diferentes sistemas e aplicações.

Equipa de recuperação de desastres: Estabelecer uma equipa dedicada responsável pelo desenvolvimento, implementação e manutenção do plano de recuperação de desastres, incluindo funções e responsabilidades, protocolos de comunicação e procedimentos de escalonamento.

Sites e infraestrutura de backup: Identificação e aprovisionamento de locais de backup, centros de dados ou infra-estruturas de nuvem para servir como locais alternativos para sistemas e dados críticos em caso de desastre.

Estratégias de backup:

Cópias de segurança regulares dos dados: Implementação de cópias de segurança regulares de dados e sistemas críticos para captar alterações e actualizações, garantindo a integridade e disponibilidade dos dados para efeitos de recuperação.

Tipos de backup: Utilizar vários tipos de backup, incluindo backups completos, backups incrementais e backups diferenciais, para equilibrar a eficiência do armazenamento com a velocidade e a granularidade da recuperação.

Backups externos e na nuvem: Armazenamento de cópias de segurança de dados e sistemas em locais externos ou serviços de armazenamento em nuvem para proteger contra desastres localizados e garantir redundância geográfica.

Encriptação e segurança: Implementação de medidas de encriptação e segurança para proteger os dados de cópia de segurança em trânsito e em repouso, salvaguardando as informações sensíveis contra o acesso não autorizado e violações.

Teste e validação: Testar e validar regularmente os processos de backup e recuperação através de simulações, exercícios e exercícios de mesa para identificar pontos fracos, melhorar a prontidão de resposta e garantir a conformidade com os objectivos de recuperação.

Soluções de recuperação de desastre e backup:

Software de backup: Utilizar soluções de software de cópia de segurança como a Veeam, Commvault, Veritas Backup Exec e Acronis para automatizar e otimizar as operações de cópia de segurança em diversos ambientes de TI.

Serviços de backup na nuvem: Aproveitar os serviços e soluções de cópia de segurança baseados na nuvem oferecidos por fornecedores como o Amazon Web Services (AWS) Backup, o Microsoft Azure Backup e o Google Cloud Storage para uma cópia de segurança e recuperação escalável e económica.

Replicação e alta disponibilidade: Implementação de configurações de replicação de dados e alta disponibilidade em ambientes locais ou na nuvem para manter cópias sincronizadas de dados e aplicativos para failover e continuidade rápidos.

Recuperação de desastres como um serviço (DRaaS): Adoção de soluções DRaaS de fornecedores como a Zerto, VMware Site Recovery e IBM Resilient para orquestrar a recuperação automática de falhas, a recuperação e a continuidade do negócio na nuvem.

Provedores de serviços gerenciados (MSPs): Contratação de MSPs especializados em recuperação de desastres e serviços de backup para projetar, implementar e gerenciar planos abrangentes de recuperação de desastres adaptados às necessidades e requisitos da organização.

5.3 Serviços de gestão de bases de dados baseados na nuvem

Os serviços de gestão de bases de dados baseados na nuvem oferecem às organizações soluções escaláveis, flexíveis e económicas para armazenar, gerir e aceder a dados na nuvem. Aqui está uma visão geral:

Visão geral dos serviços de gestão de bases de dados baseados na nuvem:

Escalabilidade: Os serviços de base de dados baseados na nuvem permitem que as organizações aumentem ou diminuam a sua infraestrutura de base de dados de forma dinâmica com base na procura, eliminando a necessidade de investimentos iniciais em hardware e proporcionando agilidade para acomodar cargas de trabalho em mudança.

Serviços gerenciados: Os fornecedores de serviços na nuvem oferecem serviços de bases de dados totalmente geridos, tratando de tarefas como o aprovisionamento, a configuração, a aplicação de patches, as cópias de segurança e a monitorização, permitindo que as organizações se concentrem no desenvolvimento de aplicações e nas operações comerciais.

Alta disponibilidade: As bases de dados baseadas na cloud são concebidas para alta disponibilidade, com redundância incorporada, failover automático e capacidades de replicação geográfica para garantir o acesso contínuo aos dados e minimizar o tempo de inatividade.

Segurança: Os fornecedores de serviços em nuvem implementam medidas de segurança robustas para proteger os dados, incluindo encriptação, controlos de acesso, gestão de identidades e certificações de conformidade, ajudando as organizações a cumprir os requisitos regulamentares e a manter a privacidade dos dados.

Eficiência de custos: As bases de dados baseadas na cloud oferecem modelos de preços pay-as-you-go, permitindo que as organizações paguem apenas pelos recursos que utilizam, sem custos iniciais ou compromissos a longo prazo, e proporcionando poupanças de custos através de economias de escala.

Tipos de serviços de base de dados baseados na nuvem:

Serviços de bases de dados relacionais (RDS): serviços geridos de bases de dados relacionais fornecidos por fornecedores de serviços na nuvem, suportando motores de bases de dados populares como MySQL, PostgreSQL, SQL Server, Oracle e MariaDB, com funcionalidades que incluem cópias de segurança automatizadas, escalonamento e monitorização.

Serviços de base de dados NoSQL: As plataformas na nuvem oferecem serviços geridos de bases de dados NoSQL, como o Amazon DynamoDB, o Google Cloud Firestore e o Azure Cosmos DB, concebidos para tratar dados semi-estruturados e não estruturados em escala, com funcionalidades como esquemas flexíveis, escalonamento automático e acesso de baixa latência.

Serviços de armazenamento de dados: Os fornecedores de serviços na nuvem oferecem serviços geridos de armazenamento de dados, como o Amazon Redshift, o Google BigQuery e o Azure Synapse Analytics, concebidos para processar e analisar grandes volumes de dados estruturados com elevado desempenho e escalabilidade.

Serviços de banco de dados na memória: As plataformas na nuvem fornecem serviços geridos de bases de dados na memória, como o Amazon ElastiCache, o Google Cloud Memorystore e o Azure Cache for Redis, que oferecem capacidades de processamento de dados a alta velocidade e de armazenamento em cache para aplicações e análises em tempo real.

Serviços de banco de dados de gráficos: Os fornecedores de serviços na nuvem oferecem serviços geridos de bases de dados de gráficos, como o Amazon Neptune, o Google Cloud Graph Database e o Azure Cosmos DB Gremlin API, optimizados para armazenar e consultar conjuntos de dados interligados, como redes sociais, motores de recomendação e deteção de fraudes.

Benefícios dos serviços de gestão de bases de dados baseados na nuvem:

Escalabilidade: Escale facilmente os recursos do banco de dados para cima ou para baixo para acomodar cargas de trabalho e volumes de dados em constante mudança.

Serviços gerenciados: Transfira as tarefas rotineiras de gestão de bases de dados para o fornecedor de serviços na nuvem, libertando recursos para iniciativas estratégicas.

Alta disponibilidade: Garanta o acesso contínuo aos dados com redundância incorporada, failover e capacidades de recuperação de desastres.

Alcance global: Implante bancos de dados em várias regiões do mundo para acesso de baixa latência e conformidade com os requisitos de soberania de dados.

Eficiência de custos: Pague apenas pelos recursos que utilizar, sem custos iniciais ou compromissos a longo prazo, e beneficie de descontos de fornecedores de serviços na nuvem e opções de preços.

Referências:

- **Livros:**

1. "Desenvolvimento e gestão de bases de dados na nuvem" por Lee Chao.

2. "Cloud Computing: Concepts, Technology & Architecture" de Thomas Erl, Ricardo Puttini e Zaigham Mahmood.

- **Sítios Web:**

1. Documentação do Amazon Web Services (AWS): Documentação do AWS

2. Serviços de base de dados do Google Cloud: Google Cloud

Pontos a recordar

Perguntas de escolha múltipla:

1. Que fornecedor de serviços na nuvem oferece o Amazon RDS, um serviço de base de dados relacional gerido?
   a) Plataforma Google Cloud (GCP)
   b) Microsoft Azure
   c) Serviços Web da Amazon (AWS)
   d) IBM Cloud

2. Qual é a principal vantagem de utilizar um serviço de gestão de bases

de dados baseado na nuvem?

a) Diminuição da escalabilidade

b) Aumento da complexidade da gestão das infra-estruturas

c) Melhoria da escalabilidade e redução das despesas operacionais

d) Diminuição da disponibilidade e da fiabilidade

3. Que serviço de base de dados baseado na nuvem foi concebido para lidar com aplicações distribuídas globalmente e em grande escala?

   a) Google Cloud SQL

   b) Amazon RDS

   c) Base de dados SQL do Microsoft Azure

   d) Google Cloud Spanner

4. Qual é a principal consideração ao escolher um serviço de base de dados baseado na nuvem?

   a) Complexidade de instalação e configuração

   b) Falta de opções de escalabilidade

   c) Disponibilidade geográfica limitada

   d) Diminuição das medidas de segurança

5. Que serviço de base de dados baseado na nuvem é uma base de dados NoSQL totalmente gerida para cargas de trabalho de missão crítica?

   a) Amazon Aurora

   b) Loja Google Cloud Fire

   c) Base de dados do Azure Cosmos

   d) Amazon Redshift

****

I want morebooks!

Buy your books fast and straightforward online - at one of world's fastest growing online book stores! Environmentally sound due to Print-on-Demand technologies.

Buy your books online at
www.morebooks.shop

Compre os seus livros mais rápido e diretamente na internet, em uma das livrarias on-line com o maior crescimento no mundo! Produção que protege o meio ambiente através das tecnologias de impressão sob demanda.

Compre os seus livros on-line em
www.morebooks.shop

Printed by Books on Demand GmbH, Norderstedt / Germany